SECOND MÉMOIRE

SUR

LES FINANCES.

SECOND MÉMOIRE

SUR

LES FINANCES,

*Présenté à Son Excellence Monseigneur le Duc
DE RICHELIEU, en sa qualité de Président
du Conseil des Ministres,*

Par L. F. CASTRIQUE, de Dunkerque.

A PARIS,

Chez NOUZOU, Imprimeur-Libraire, rue de
Cléry, N°: 9,

Et Chez BARBA, Libraire, Galerie derrière
le Théâtre-Français, N°. 51.

De l'Imprimerie de NOUZOU, rue de Cléry, n°. 9.

1816.

AVERTISSEMENT.

J'ai présenté , sous la date du 14 décembre dernier, à S. Excel. Monseigneur le Duc de Richelieu , en sa qualité de président du Conseil des Ministres, un premier Mémoire manuscrit sur l'Administration actuelle des finances du Royaume. J'ai , en même temps, indiqué les améliorations que je croyais propres à leur restauration.

Dans ce premier Mémoire j'établissais , comme je le fais aujourd'hui , qu'il n'y a d'autre mode raisonnable à proposer pour le paiement de l'arriéré fixé au 1ᵉʳ. janvier 1816 , que des Inscriptions, au denier vingt , sur le grand-livre de la dette publique ; et ce au fur et à mesure des liquidations à faire dans chaque Ministère. Je disais alors , comme à présent, que le Ministère des finances est d'une trop grande étendue, et qu'il faut, ou élaguer une partie considérable de ses attributions pour en charger les autres Ministères , ou bien créer de suite une direction générale du Trésor Royal , afin de réunir dans un centre commun toute l'Administration des dépenses du Royaume.

J'indiquais encore des améliorations à

faire dans la Comptabilité en deniers de la France, et je désirais voir établir dans chaque Ministère des livres régulièrement tenus, pour qu'à la fin de chaque année, on pût former un Bilan géneral, clair et méthodique : cela serait d'autant plus facile, que chaque Ministère a sa division de Comptabilité. Le Bilan de l'année 1816 serait rectifié par les liquidations définitives faites en 1817 et au 31 décembre de ladite année, on aurait la position nécessairement exacte des finances du Royaume pour l'année 1816, et ainsi de suite, sans aucune déviation. De cette manière on verrait disparaître pour jamais ces épouvantables arriérés, accumulés depuis si long-temps, que personne en France ne sait exactement ce que l'on doit. C'est un cahos que le temps lui-même aura bien de la peine à débrouiller. Tout bon français doit gémir de ce désordre, auquel il faut promptement remédier.

Ces idées se trouvant en grande partie développées dans ce Mémoire, je n'ai pas cru devoir faire imprimer celui présenté le 15 décembre dernier, et ce n'est même qu'avec la plus juste défiance de mes faibles talens que j'ose faire part au public du résultat de mes méditations sur l'état actuel de nos finances.

SECOND MÉMOIRE

SUR

L'AMÉLIORATION DES FINANCES,

Présenté à Son Excellence Monseigneur le Duc
DE RICHELIEU,

Par le S^r. L. F. CASTRIQUE de Dunkerque.

« Du choc des idées naît la Lumière. »

M ONSEIGNEUR,

La manière bienveillante et pleine de bonté avec
laquelle vous avez daigné recevoir mon premier
Mémoire sur l'Administration des Finances , et
mes Observations sur le budget de 1816 , me fait
un devoir de continuer à vous présenter toutes les
idées et toutes les vues que je crois pouvoir être
avantageuses au bien public. Il n'appartient qu'à
l'héritier du nom du Cardinal de Richelieu , d'ac-
cueillir favorablement les écrits de ceux qui tra-

vaillent dans le but, toujours honorable, et dans le desir bien prononcé, d'être utile : c'est surtout sous un premier Ministre habile, sous un Roi juste et bon, que la liberté d'écrire doit être encouragée, principalement lorsqu'il s'agit de la restauration de nos Finances.

Nous avons à lutter, non seulement contre le discrédit qui existe aujourd'hui, particulièrement à l'étranger, mais il faut encore établir, dès-à-présent, le crédit de la France sur des bases tellement solides et invariables, qu'elles le fortifient et l'augmentent journellement.

Parmi les différents plans de Finances mis au jour, on remarque ceux de MM. Hennet et Bricogne. Tous deux ont présenté la question sur une échelle vaste, et leurs vues qui, en plusieurs points, se rencontrent, donnent lieu à des aperçus basés sur ce qui se passe en Angleterre.

Leur théorie est brillante et même séduisante, mais elle manque de solidité ; elle ne repose pas sur l'expérience, mais seulement sur des calculs plus ou moins hypothétiques, comme il serait facile de le démontrer.

On doit, cependant, rendre justice à leurs talens bien reconnus en matière de Finances, auxquelles ils travaillent depuis longues années ; mais il leur manque la pratique ; ils n'ont jamais pu savoir par quels moyens secrets les Négociants et les Banquiers se procurent, avec des capitaux très-peu considérables, des sommes immenses de crédit, tant en France qu'à l'étranger, puisqu'on administre depuis long-temps les Finances de la France d'une manière tout à fait erronée et destructive de toute espèce de crédit public : ce sont ces mêmes moyens que, par analogie, il faut mettre en pratique. C'est ce que la lecture des livres ni la science des calculs ne peuvent donner.

On n'a su, jusqu'à présent, que deux choses ; la première, de recevoir le plus possible, soit par des impôts successivement augmentés, soit par des vexations fiscales : la deuxième, de ne prendre aucun moyen pour payer ceux à qui il reste dû à la fin de chaque année, de sorte que ces éternels arriérés sont la première cause du discrédit.

Il n'y a pas de doute que le Gouvernement n'a d'autres ressources essentielles, dans ce moment de crise, qu'un surcroît sagement combiné d'impositions et une augmentation proportionnée de la dette publique, pour l'extinction de laquelle on doit créer, dès ce moment, une Caisse d'amortissement. Il y a cependant l'imposition foncière qui, loin d'être augmentée, doit être diminuée d'un quart, puisqu'elle n'est plus en harmonie avec le revenu des immeubles ; il faut se hâter de leur donner une nouvelle valeur, afin que les ventes immobiliaires soient plus faciles et plus promptes ; ce qui augmentera les droits d'enregistrement et procurera de nouveaux capitaux au Commerce, qu'on doit protéger par toute espèce de moyens.

Les richesses de la France sont ou territoriales,

ou industrielles ; celles-là ont un terme , celles-ci sont indéfinies : il faut donc ménager les impositions à frapper sur les premières et étendre celles à mettre sur les secondes.

Nous savons que la dette arriérée , due jusqu'au 1er. janv. dernier, peut être évaluée à 700,000,000 : pour payer ce capital , le Ministre des Finances avait proposé d'y affecter , 1°. le montant de la vente du restant des biens communaux ; 2°. le montant des ventes à faire jusqu'à concurrence de 400,000 hectares de bois domaniaux.

Par ce moyen , les créanciers de l'arriéré avaient diverses chances de liquidation.

La première , celle de recevoir le montant de leur créance en inscriptions , au pair , sur le grand-livre de la dette publique , comme cela se fait dès aujourd'hui pour les créanciers qui le demandent.

La seconde , d'acquérir par eux-mêmes , des biens , soit communaux , soit domaniaux , payables trois quarts avec leur créance et un quart en espèces.

Enfin , la troisième , de vendre leur créance à un taux débattu , aux personnes qui se porteraient acquéreurs des biens de l'une des deux espèces ci-dessus désignées.

On a rendu justice à la bonne foi qui avait dicté le projet ministériel du budget de 1816 ; on y a vu que notre position malheureuse n'était pas déguisée, le mal y est présenté tel qu'il est ; mais les remèdes indiqués ont paru, avec juste raison, incomplets et mal préparés ; l'idée de vendre des bois, pour payer la dette arriérée, a été jugée mal conçue; et en effet, ce serait consumer, en pure perte, une des plus belles parties des domaines de l'État, laquelle ne tarderait pas à devenir le patrimoine exclusif de quelques compagnies d'intrigans, sans payer intégralement la dette arriérée; de deux choses l'une, ou les bois seraient vendus à leur juste valeur, ou à vil prix.

Pour parvenir à donner la juste valeur aux bois, il faudrait une expertise contradictoire entre le Gouvernement et les créanciers de l'État.

Si le Gouvernement fixe cette valeur, elle est arbitraire, puisqu'on ne peut la connaître au juste que par une vente publique et aux enchères; dans ce dernier cas, vous verriez revivre ce que l'on appelait *les bandes noires* qui parcourraient successivement tous les Départemens et achèteraient à vil prix les domaines à vendre; les créanciers seraient obligés de leur vendre leurs créances d'autant meilleur marché, que le Gouvernement ne recevrait que les trois quarts en compensation, et qu'ils seraient obligés de verser un quart en espèces entre les mains des bandes noires. D'ailleurs, des biens fonds n'ont jamais représenté des espèces, et comment feraient les acquéreurs pour s'en procurer ; ils seraient obligés de revendre leurs bois et alors ils éprouveraient une grande perte. J'ai vu plusieurs faillites où l'on payait intégralement avec des domaines; et malgré cette prétendue intégralité, les créanciers n'avaient pas, en écus, cinquante pour cent de leurs créances.

Si l'Etat fixe lui-même une valeur à ses bois, aucun acquéreur ne se présentera ; enfin si, en dernière analyse, le Gouvernement passe des contrats à prix débattu, les bois ne suffiront pas pour éteindre la dette.

Aussi a-t-on senti que la vente des bois devenait onéreuse à l'Etat, sans empêcher ce que l'on appelle banqueroute.

Ainsi que je l'ai établi dans mon premier Mémoire, il est impossible de payer en écus le montant de la dette arriérée, et ce au fur et à mesure des liquidations partielles ; cependant il faut payer. Le seul moyen raisonnable à employer, est de liquider chaque créancier en une inscription, au denier vingt, sur le grand-livre de la dette publique ; mais, par les moyens que je vais développer, l'extinction de cette dette serait faite en moins de six ans ; c'est donc donner aujourd'hui aux créanciers de l'Etat un titre liquide, portant un intérêt annuel de cinq pour cent ; c'est leur dire, si vous avez confiance en ma manière de régir, vous garderez votre titre jusqu'à ce que vous puissiez le vendre sans perte. Dans le cas contraire, vous aurez encore la faculté de vendre votre créance, mais vous n'imputerez qu'à vous-même la perte que vous éprouverez : certes, ce n'est pas là faire banqueroute ; tout homme raisonnable (même le créancier sans prévention) approuvera ce mode de liquidation , et conviendra de bonne foi qu'on ne peut mieux faire , dans la position critique où se trouvent les finances de la France.

Pour donner un crédit stable au Gouvernement, il faut payer les intérêts de la dette publique avec plus d'exactitude , avec plus de scrupule qu'on ne l'a fait jusqu'à ce jour. Il faut que le 22 mars et le 22 septembre fixes, le paiement soit effectué sans le moindre retard. Point de ces éternels états hebdomadaires, où le créancier chagrin cherche avec inquiétude et la première lettre de son nom et la série du N°. de son inscription. Il faut encore moins qu'un rentier qui demeure à l'une des extrémités de Paris soit astreint à la dure nécessité de se lever plusieurs heures avant le jour pour aller occuper une place au milieu de la rue devant la Trésorerie. Qui de nous n'a vu ces longues files de créanciers de tout âge et de tout sexe , attendant avec impatience pendant trois heures et plus, pour parvenir enfin à recevoir quelques misérables francs ; ce spectacle très-affligeant est cependant facile à changer en une scène riante et en bénédictions pour notre bon Roi.

Il faut donc , pour opérer le bien de ces intéressans créanciers , faire payer à la fois et à la trésorerie et dans chaque municipalité de Paris , par chaque receveur d'arrondissement ; qu'ils payent à bureau ouvert, depuis huit heures du matin jusqu'à trois heures ; que la même opération se fasse pour la rente viagère , les 22 juin et 22 décembre de chaque année. Qu'on paye ainsi et à tout N°. les sommes au-dessous de 200 fr. par semestre , et que pour celles au-dessus , on renvoie à la caisse générale ; là on donnerait *des bons au porteur et à vue* , payables à une caisse particulière , comme à la Banque de France. Dans les premiers jours on irait de suite faire rembourser ses bons ; mais lorsqu'on verrait qu'on les paye à vue , la confiance s'établirait , et successivement on verrait circuler dans le public ces bons de différentes sommes , à l'égal des billets de banque. Voilà des mines de crédit très-simples en elles-mêmes , qui , exploitées par des mains habiles , porteraient , comme par enchantement , leur produit au plus haut dégré , et donneraient au Gouvernement une confiance dont il serait lui-même étonné : d'ailleurs , en faisant payer la rente dans les douze municipalités de Paris , vous attirerez , peu à peu , les capitaux modiques , mais nombreux , des classes bourgeoises et ouvrières , qui , pouvant se convaincre , soit par elles-mêmes , soit par le témoignage des voisins , du maire , du curé , qu'on est payé , pour ainsi dire , à la porte de son domicile , sans perte de temps et à tous numéros , achèteront des rentes avec le produit d'un travail continu pendant plusieurs années ; on regarderait alors la rente sur l'Etat comme le placement le plus solide , le plus clair et le plus productif, comme il l'est en effet : les classes inférieures de la société se familiariseraient , ainsi qu'en Angleterre , avec cette sorte de placement de capitaux ; aujourd'hui elles n'en entendent parler que d'une manière très-défavorable. Il n'y a pas d'objections contre ce mode de paiement que je ne puisse facilement détruire.

Mais cette amélioration, judicieuse dans le mode de paiement de la dette publique , ne suffirait pas pour établir et soutenir le crédit du Gouvernement , il faut encore de l'ordre , de l'économie et de là régularité dans toutes les branches de l'administration des finances ; et s'il fallait de nouveau entasser tous les ans *arriéré sur arriéré*, alors le système le mieux combiné , le plan le plus savamment conçu, et le plus constant dans son exécution , toutes ces vastes conceptions iraient indubitablement s'engloutir dans le profond abîme de ces épouvantables arriérés ; il faut nécessairement, ainsi que je l'ai démontré dans mon premier Mémoire, que la liquidation de tous les services de l'an 1816 soit irrévocablement opérée au 31 décembre 1817 , et ainsi de suite d'année en année sans la moindre déviation , afin que l'excédant de recette , s'il en existe, fasse le premier article de l'année 1818 , ou s'il y a déficit , qu'il soit, à ladite époque , payé en rentes au cours de là place , et qu'on présente alors une augmentation proportionnée à la dotation de la Caisse d'amortissement.

J'ai déjà établi , dans mon premier Mémoire, que le Ministère des Finances est beaucoup trop considérables pour qu'un homme, tels talensqu'on lui suppose, puisse embrasser tous les rouages de cette vaste machine et voir tout par lui-même. Il est obligé de s'en rapporter constamment à autrui, et dès lors il devient, malgré tout, un corps sans âme.

Si le Gouvernement ne veut pas rétablir un Ministre du Trésor, il faut au moins établir, comme autrefois, un Directeur-Général du Trésor. D'ailleurs, il existe, en Finances, un axiôme de tous les temps; c'est que : *Celui qui sait faire la recette ne sait pas faire la dépense.* Ce raisonnement paraît un paradoxe, mais l'expérience a démontré que c'était une vérité constante. On ne peut prendre un meilleur guide, et c'est parce qu'on ne le consulte presque jamais, que l'on s'égare si souvent.

En Angleterre, il y a un Chancelier de l'échiquier, et des Commissaires de la Trésorerie. Le premier est Ministre des Finances, les seconds administrent les fonds de l'État. Aujourd'hui, il y a, en France, confusion dans l'administration de nos recettes et de nos dépenses. Il faut de suite la faire cesser. Il est plus que temps de faire régner dans cette partie essentielle du service public l'ordre le plus parfait. Les Douanes, les Impositions indirectes n'ont-elles pas leur Direction générale? et pourquoi le Trésor n'aurait-il pas la sienne?

Sans toutes ces sages précautions, nos Finances, je le répète, seront toujours dans un cahos inextricable, et l'administrateur le plus habile ne pourra jamais les conduire à un état prospère.

Après avoir indiqué le mode de paiement de la

dette arriérée, et avoir démontré les moyens propres à établir et à consolider le crédit public, nous allons nous occuper des recettes et des dépenses tant ordinaires qu'extraordinaires, à effectuer depuis l'année 1816 jusqu'à celle de 1820 inclus.

Pour mettre de l'ordre et de la clarté dans ce travail, nous formerons un tableau séparé pour chaque année, dont nous terminerons l'analyse par un bilan général, arrêté au 31 décembre 1820.

TABLEAU A.

Année
1816.

DÉBIT.

Le budget de 1816 porte les dépenses ordinaires de la France, pour la même année, à.......... f. 524,700,000
Sur lesquels il faut déduire f. 14,000,000 pour la dotation trop modique de la Caisse d'amortissement comprise dans la somme ci-dessus, ci. f   14,000,000

Reste donc............. f. 510,700,000

A ajouter :

1°. Pour dépenses extra-ordinaires. .... f. 500,000,000
2° Dotation de la Caisse d'amortissement.......... 60,000,000
3". Fonds destinés à acquitter la rente de la moitié de l'arriéré........... .. 17,500,000
4°. Fonds pour l'acquit des arrérages de l'emprunt de cent millions à payer de la manière qui sera indiquée. 5,000,000
5°. Dépenses imprévues. 10,000,000

} 392,500,000

f. 903,200,000

2

CRÉDIT.

Suivant le budjet de 1816, État E, n°. 12, les recettes sont calculées comme suit :

Contributions directes comprenant celles foncières, mobilières, portes et fenêtres et patentes, déduction des fonds de non-valeur, à........... f. 320,000,000

A déduire :

Réduction d'1/4 sur la contribution foncière évaluée à 220,000,000, ci............ 55,000,000

Reste......... 265,000,000

A ajouter :

Enregistrement et bois, modérés à....... 100,000,000
Douanes.............*idem*.......... 30,000,000
Sel à 3 décimes........*idem*.......... 40,000,000
Droits indirects — comme en 1815........ 50,000,000
Tabacs—sans augmentation de prix...... 25,000,000
Loteries, produit modéré............ 7,000,000
Postes....*idem*..................... 12,000,000
Salines de l'Est..................... 2,000,000
Recettes diverses. 6,000,000
Idem à recouvrer sur le budget de 1815, produit modéré à.................. 124,750,000
Idem sur les exercices de 1813 et 1814... 54,000,000
Restant à recouvrer de l'emprunt de cent millions.. 27,500,000
Supplément de cautionnement suivant le budget.. 50,000,000
Retenues sur les traitemens............ 13,000,000

f. 806,250,000

Débit............	903,200,000
Crédit............,...	806,250,000
Déficit.......	96,950,000

Observations générales pour l'intelligence du Tableau ci-dessus.

Il est facile de s'apercevoir que mes calculs ne sont pas rigoureux. Cependant on remarquera, d'une part, que les dépenses de l'année 1816 sont portées au plus haut ; il est même à présumer qu'elles ne s'élèveront pas à une somme aussi considérable, et, d'autre part, que les recettes sont calculées de manière à ce que leur rentrée ne soit pas fictive, malgré la diminution du quart de la contribution foncière, qui, à elle seule, absorbe un capital de cinquante-cinq millions : d'ailleurs, la fixation des recettes et des dépenses de l'année 1816 est subordonnée à la décision souveraine des deux Chambres ; par conséquent la manière de les fixer, par avance, ne peut et ne doit être considérée que comme figurative et représentant l'ordre à suivre dans la comptabilité en deniers du Royaume.

TABLEAU B.

DÉBIT.

Dépenses de l'année 1816.............. f. 903,200,000

A ajouter pour 1817 :

1°. Fonds pour payer les arrérages de la dernière moitié de l'arriéré........... f. 17,500,000

2°. *Idem* pour payer les arrérages de la consolidation du déficit de 1816........ 7,000,000

3°. *Idem* pour l'arrérage de l'emprunt de cent millions... 5,000,000

4°. Dépenses imprévues.. 8,000,000

f. 37,500,000

f. 940,700,000

CRÉDIT.

Les recettes portées pour 1816 sont de.... f. 806,250,000

A déduire sur 1817 :

Pour le supplément des cautionnemens, qui ne peut avoir lieu en 1817, ci......... 50,000,000

Reste......... 756,250,000

RÉCAPITULATION.

Débit.............. 940,700,000

Crédit............. 756,250,000

Déficit....... 184,450,000

(21)

T A B L E A U C.

Année
1818.

D É B I T.

Les dépenses de l'année de 1817 sont de.. f. 940,700,000

A ajouter pour 1818 :

Fonds destinés à payer les arrérages du déficit constitué de 1817....................   10,000,000

f. 950,700,000

C R É D I T.

Même recette en 1818 qu'en 1817 , ci....   756,250,000

RÉCAPITULATION.

Débit............... 950,700,000
Crédit............ 756,250,000

Déficit...... . 194,450,000

T A B L E A U D.

Année
1819.

D É B I T.

Dépenses de 1818................ .... f. 950,700,000

Transport ci-contre.......... 950,700,000

A ajouter pour 1819 :

Fonds pour les arrérages du déficit constitué
de 1818............................... 10,000,000

f. 960,700,000

CRÉDIT.

Même recette en 1819 qu'en 1818....... 756,250,000

RÉCAPITULATION.

Débit............... 960,700,000
Crédit............... 756,250,000

Déficit....... f. 204,450,000

TABLEAU E.

Année
1820.

DÉBIT.

Les dépenses de 1819 sout de.......... f. 960,7000,000

A ajouter pour 1820 :

Fonds pour l'arrérage du déficit consolidé
de 1819................................ 10,000,000

f. 970,700,000

CRÉDIT.

Même recette en 1820 qu'en 1819....... 756,250,000

Récapitulation.

Débit.............. 970,700,000
Crédit............. 756,250,000

Déficit....... 214,450,000

Réflexions sur les Tableaux partiels ci-dessus.

Le projet ministériel du budget de 1816 présente par appoint, 800 millions, tant en recettes qu'en dépenses ; cette balance est erronée et parconséquent fictive ; vous aurez bien , pendant l'année 1816, dépensé 800 millions et probablement plus , mais il est de toute impossibilité que vous ayez reçu la même somme, puisqu'il est encore dû sur les exercices 1813 , 1814 et 1815.

Les créances de ce premier exercice ont déjà plus do deux ans de date, et si on opérait, comme on l'a fait jusqu'à présent, où de semblables budgets présentaient toujours les résultats les plus brillans , il s'ensuivrait nécessairement, malgré tous ces beaux calculs, qu'on accumulerait encore *arriéré sur ar-riéré*. On retomberait dans les fautes commises jusqu'à ce jour ; les créanciers ne seraient pas payés, comme ils doivent l'être, et le discrédit, allant toujours croissant, finirait infailliblement par produire une épouvantable banqueroute générale.

Il n'y a pas d'État en Europe, même l'Angleterre, qui ne dépense par an plus qu'il ne reçoit ; mais dans tout Royaume dont les Finances sont bien administrées, ce déficit se liquide entièrement dans l'année qui le suit, et il est payé intégralement soit en écus, soit en inscriptions sur le grand-livre de la dette publique, dont le crédit est soutenu par les opérations de la Caisse d'amortissement.

Dans les diverses plans de Finances, on a, par analogie, voulu comparer le crédit de la France avec celui de l'Angleterre, c'est comme si on avait voulu comparer l'enfant encore à naître avec l'homme parvenu à toute la force de l'âge viril. Dans ce moment il n'existe en France que discrédit, il faut donc commencer par l'anéantir et créer ensuite ce qu'on appelle *Crédit public.*

Après avoir dressé les cinq tableaux partiels des années 1816 à 1820 inclus, nous allons les réunir dans un bilan général, pour avoir le déficit total au 31 décembre 1820, et nous indiquerons les moyens de solder chaque déficit partiel.

Nous nous occuperons ensuite de la formation de la Caisse d'amortissement, de sa dotation annuelle, et de ses opérations pour éteindre successivement tant l'arriéré des 700 millions, que le déficit de 894,750,000 fr. qui comprend les cinq années de 1816 à 1820 inclus.

Doit. BILAN GÉNÉRAL de la France,

			f.	
Année 1816. Dépenses, Tableau A.			903,200,000	
1817. *idem* *idem* B.			940,700,000	
1818. *idem* *idem* C.			950,700,000	4,726,000,000
1819. *idem* *idem* D.			960,700,000	
1820. *idem* *idem* E.			970,700,000	

f. 4,726,000,000

Déficit f. 894,750,000 , que je propose de

Pendant l'année 1817, déficit sur 1816........	f. 96,950,000
id. 1818 id. 1817........	184,450,000
id. 1819 id. 1818........	194,450,000
id. 1820 id. 1819........	204,450,000
id. 1821 id. 1820........	214,450,000

f. 894,750,000

Il est certain , par le Bilan ci - dessus , que le Gouvernement donne à ses créanciers pour payer 894,750,000 fr. un capital de 1,079,868,150 fr. plus, les intérêts à 5 pour o/o par an ; mais cette perte n'est que fictive pour la différence des capitaux, puisque, par ses rachats, la Caisse d'amortissement fait les mêmes bénéfices ; ainsi il y a toujours balance parfaite. L'Etat a l'avantage inappréciable de ne plus se voir obséder par des créanciers du 1er. janv. 1816 au 31 déc. 1820 inclus.   AVOIR.

					f.	
Année 1816.	Recettes,	Tableau	A.	806,250,000	
1817.	*idem*	*idem*	B.	756,250,000	
1818.	*idem*	*idem*	C.	756,250,000	3,831,250,000
1819.	*idem*	*idem*	D.	756,250,000	
1820.	*idem*	*idem*	E.	756,250,000	

Déficit...... 894,750,000

f. 4,726,000,000

payer de la manière ci-après :

f.
payables en rentes à 5 p. o/o au cours de 60 f. 6,786,500 de rente.
d°...................*idem*   de 70   11,989,282 50 c. *id.*
d°...................*idem*   de 80   11,667,000.. *id*...
d°...................*idem*   de 85   11,755,875.. *id*...
d°...................*idem*   de 90   11,794,750.. *id*...

f. 53,993,407 50 c.

sans cesse importuns et inquiets ; il s'établit ainsi
et graduellement, par une administration équita-
ble, le crédit le mieux assis. Il fait, de plus, et
constamment, refluer de nombreux capitaux du
centre à la circonférence.

Je n'ai pas voulu présenter la rente atteignant
subitement le cours de 75 fr., ni même la présenter au pair au bout de cinq ans, malgré l'établissement d'une Caisse d'amortissement. Je dif-

fère, en ce point de vue, de MM. Hennet et Bricogne, parce que j'ai l'intime conviction que, dans le principe, les opérations de la Caisse d'amortissement ne pourront être assez considérables pour absorber, dans un court espace de temps, les inscriptions de rentes que les créanciers nécessiteux, ou n'ayant pas assez de confiance dans la stabilité des choses, jetteront sur la place de Paris. Dès lors la disproportion entre l'abondance des rentes à la Bourse et les rachats de la Caisse d'amortissement fera nécessairement baisser le cours de la rente. Il faut toujours prendre l'expérience pour règle, et ne jamais se laisser égarer par des illusions souvent trompeuses. Je n'ai pas même voulu établir, comme M. Bricogne, un minimum de 75 fr. pour les rentes à donner aux créanciers de l'État, attendu que ce taux est arbitraire et peu fait pour mériter la confiance. J'ai seulement supposé, par les raisons que je viens de déduire, que la rente pourrait s'arrêter au cours de 60 fr., si elle ne baissait pas plus bas, pour ensuite remonter graduellement, et dans l'espace de cinq ans, au taux de 90 fr., ce qui remettrait à peu près l'intérêt au taux commercial. Si ce but est atteint, la France n'aura qu'à s'en féliciter, et ses finances se trouveront dans l'état le plus satisfaisant.

Nous avons présenté l'état des recettes et dépenses de la France jusqu'au 31 décembre 1820 inclus ;

Nous avons établi :

1°. Que la dette arriérée, due au premier janvier dernier, était de..........fr.   700,000,000

2°. Que le déficit, depuis l'année 1816, jusques et compris celle de 1820, serait de.................   894,750,000

TOTAL....fr. 1,594,750,000

Il faut maintenant voir comment et en combien de nombres d'années cette dette pourra être absorbée par les opérations de la Caisse d'amortissement, de laquelle nous allons nous occuper.

Cette Caisse d'amortissement doit former un établissement simple, peu coûteux, et offrant à la France entière un moyen certain de voir journellement la dette publique diminuer par des extinctions bien authentiques. Il faut qu'elle soit dotée, pour l'année 1816, d'un capital de 60,000,000 fr., ainsi que nous l'avons établi au budget de ladite année, que le Ministre des Finances sera tenu, *sous sa responsabilité personnelle,* de faire verser par douzième, le premier de chaque mois, depuis le premier janvier dernier, à la Banque de France, pour compte de la Caisse d'amortissement, et ce, à prendre, avant toute autre chose, sur les fonds existáns au Trésor royal.

La Caisse d'amortissement sera composée :

D'un pair de France, domicilié à Paris ;

D'un membre de la Chambre des députés, également domicilié à Paris ;

Du gouverneur ou un des sous-gouverneurs de la Banque de France,

Et d'un caissier,

Tous nommés par le Roi, sur la présentation du président du conseil de ses ministres, afin que le public ne puisse pas soupçonner que le Ministre des Finances ait la moindre influence, directe ou indirecte, sur la Caisse d'amortissement.

Son caissier achetera, sur l'autorisation écrite des administrateurs, deux fois par semaine, à la Bourse, telle quantité de rentes qui sera indiquée, et ce, par le ministère d'un agent de change. Ce caissier fera transcrire ces achats au nom de la Caisse d'amortissement, et règlera le compte de l'agent de change en un Bon sur la Banque de France, lequel sera visé par deux administrateurs au moins. Les rentes ainsi achetées seront mises en réserve, pour être brûlées à la fin de chaque trimestre, suivant procès-verbal, dont copie sera transmise au directeur du grand-livre de la dette publique, afin que les rentes brûlées soient biffées, ce qui sera certifié par ledit directeur, et vérifié par les administrateurs de la Caisse d'amortisse-ment, ou par le caissier délégué.

Cette Caisse sera donc composée de trois admi-nistrateurs, dont la gestion sera gratuite ; d'un caissier salarié, et de trois ou quatre commis, qui suffiront pour faire le travail.

Une plus grande administration serait prise pour du *charlatanisme,* qu'il faut soigneusement éviter en finances, surtout en France où personne n'est plus sa dupe.

D'ailleurs, pourquoi toujours ces nombreux commis qui, sous des dénominations diverses, mangent une grande partie des revenus publics?

Nous allons maintenant déterminer quels seront les résultats des opérations de la Caisse d'amortissement, et quel nombre d'années elle aura besoin pour absorber le déficit de fr. 1,594,750,000, faisant, ainsi que nous l'avons établi, f. 88,993,407 50 c. de rentes.

Pendant 1816, nous avons vu que la dotation de la Caisse d'amortissement serait de 60,000,000 f. lesquels employés en achats de rentes, au cours de fr. 60, donneront 5 millions de rentes.

La dotation de cette Caisse serait, pour la seconde année, de 84,000,000 f. : savoir : 60,000,000 f. déjà employés au budget de 1817, et 24,000,000 qu'on lui donnerait, soit sur le produit des biens communaux vendus ou à vendre, soit sur les économies qu'on aurait pu faire sur les dépenses de 1816.

Ces 84,000,000 fr. seraient employés en achats de rentes, au cours de 70 fr., ce qui donnerait 6 millions de rentes.

On pourrait, pour trouver la différence des 24 millions, manquant à la dotation de la Caisse d'amortissement, pour l'année 1817, supprimer, à dater du premier janvier de ladite année, le monopole de la fabrication et de la vente des tabacs;

c'est un ver rongeur qu'il faut se hâter d'extirper ; c'est une branche féconde d'industrie qu'il faut rendre au commerce. Ainsi, vous rendrez tributaires comme autrefois, et la Suisse et une grande partie de l'Allemagne , par l'exportation de vos tabacs fabriqués , dont la réputation est consacrée par le temps.

Vous faites, en même temps , disparaître la fraude, en ruinant les fabriques de vos voisins. Le monopole , aujourd'hui dans les mains débiles de l'administration des impositions indirectes , fera place à l'industrie française, qui tirera le produit le plus avantageux du commerce des tabacs exotiques et indigènes. Cet avantage , inappréciable et pour l'État et pour le commerce français , ne peut pas être révoqué en doute : je me propose de le démontrer évidemment dans un mémoire particulier.

La dotation de la Caisse d'amortissement, pour l'année 1818 , serait portée à 120 millions y compris les 60 millions déjà désignés au budget de 1818, et 60 autres millions à trouver de la manière que le Ministère et les deux chambres le trouveront convenir. Ces 120 millions de dotation, employés en rachats de rentes au cours de 80 fr. , donneront une somme de 7,500,000 fr. de rentes.

La dotation de 120 millions , pour l'année 1819, employée en achats de rentes au cours de 85 fr. , donnera 7,058,823 fr. 40 c.

La même dotation de 120 millions, pour l'année 1820, employée en rachats de rentes au cours de 90 fr., donnera 6,666,666 fr. 65 c.

RÉCAPITULATION *des Rentes achetées par la Caisse d'amortissement jusqu'au 31 décembre 1820.*

Pendant l'année 1816.... f. 5,000,000 »
               1817.... » 6,000,000 »
               1818.... » 7,500,000 »
               1819.... » 7,058,823 40
               1820.... » 6,666,666 65

                          32,225,490 05 c.

De sorte qu'au premier janvier 1821, il ne resterait sur la place que 56,767,917 f. 45 c. de rentes, lesquels, en continuant la dotation de 120 millions par an, seraient éteints en neuf années, en supposant que le cours de la rente restât à 90 fr. ; par conséquent le déficit total de f. 1,594,750,000 », représentés par 88,983,407 f. 50 c. de rentes, au premier janvier 1821, serait absorbé en entier à la fin de l'année 1830, c'est-à-dire en quatorze ans. D'après le plan de M. Hennet, il faudrait plus de trente-cinq ans pour absorber le même capital; quant à M. Bricogne, il paye et liquide tout ce qui sera dû à la fin de l'année 1816, en constituant le Trésor royal débiteur d'un capital de 500 millions, et sans s'inquiéter des moyens de faire face aux dépenses extraordinaires des années 1817, 1818, 1819 et 1820, pour lesquels il renvoye à son budget départemental.

Il nous reste à parler de l'emprunt de 100 millions, fait en exécution de l'ordonnance du Roi, du mois d'août dernier. Cet emprunt frappe sur des Français plus ou mois fortunés. Son remboursement n'est donc pas urgent, et je propose de le porter, par moitié, sur les années 1821 et 1822. On a déja vu, dans les tableaux partiels des dépenses de la France, que je portais, par chaque année, une somme de cinq millions pour desservir les arrérages à 5 p. o/o dudit emprunt ; j'estime qu'au milieu des embarras dans lesquels nos Finances se trouveront pendant cinq ans, il serait plus que difficile de commencer, encore moins de terminer le remboursement de l'emprunt de 100 millions avant l'année 1821.

Quant aux 7 millions de rente mis à la disposition du Gouvernement, pour sûreté du capital de 140 millions, qui pourrait se trouver en déficit sur l'exécution des engagemens pris envers les étrangers, cela ne dérange en rien les dispositions du plan proposé, puisque si le Ministre des Finances fait consolider lesdits 7 millions de rente, ils viendront en déduction du déficit indispensable d'une des cinq années de 1816 à 1820 ; dans le cas contraire, ces 7 millions de rente seront purement et simplement annulés sans apporter aucun changement à l'état des choses.

Je laisse à vos lumières, MONSEIGNEUR, à juger lequel de ces trois projets présente le moins

d'inconvéniens dans son exécution, et le plus d'a-
vantages, tant pour l'État, que pour ses nombreux
créanciers.

J'observe que, dans mon plan, je ne comprends
pas en recette le don de dix millions fait par le Roi;
je crois que la Nation, tout en remerciant S. M.
de ses intentions paternelles, ne doit en rien diminuer la dotation de son Roi, qui, dans tous les
temps, saura en faire l'emploi le plus noble et le
plus désintéressé.

Je suis avec respect,

M ONSEIGNEUR,

De votre Excellence,

Le très-humble et très-obéissant
serviteur

L. F. CASTRIQUE.

Rue du Caire, N°. 26.

Paris ce 18 *février* 1816.